賽馬會樂齡同行計劃
長者精神健康系列
樂齡之友分享集

好在友里

U0164664

賽馬會樂齡同行計劃
長者精神健康系列
樂齡之友分享集

好在友里

沈君瑜、姚國燐、張淑嫻、陳潔英、
陳熾良、郭韡韡、黃麗娟、林一星著

賽馬會樂齡同行計劃
Jockey Club
JC JoyAge
Holistic Support Project
for Elderly Mental Wellness

策劃及捐助：

香港賽馬會慈善信託基金

合作院校：

HKU
SWSA
Department of Social Work and Social Administration
The University of Hong Kong
香港大學社會工作及社會行政學系

HKU
PRESS
香港大學出版社

香港大學出版社

香港薄扶林道香港大學

https://hkupress.hku.hk

© 2023 香港大學出版社

ISBN 978-988-8805-84-6（平裝）

10 9 8 7 6 5 4 3 2 1

亨泰印刷有限公司承印

目錄

總序

安享晚年，相信是每個人在年老階段最大的期盼。尤其經歷過大大小小的風浪與歷練之後，「老來最好安然無恙」，平靜地度過。然而，面對退休、子女成家、親朋離世、經濟困頓、生活作息改變，以及病痛、體能衰退，甚至死亡等課題，都會令長者的情緒起伏不定，對他們身心的發展帶來重大的挑戰。

每次我跟長者一起探討情緒健康，以至生老病死等人生課題時，總會被他們豐富而堅韌的生命所觸動，特別是他們那份為愛而甘心付出，為改善生活而刻苦奮鬥，為曾備受關懷而感謝不已，為此時此刻而知足常樂，這些由長年累月歷練而生出的智慧與才幹，無論周遭境況如何，仍然是充滿豐富無比的生命力。心理治療是一趟發現，然後轉化，再重新定向的旅程。在這旅程中，難得與長者同悲同喜，一起發掘自身擁有的能力與經驗，重燃對人生的期盼、熱情與追求。他們生命的精彩、與心理上的彈性，更是直接挑戰我們對長者接受心理治療的固有見解。

這系列叢書共有六本，包括三本小組治療手冊：認知行為治療、失眠認知行為治療、針對痛症的接納與承諾治療，一本靜觀治療小組實務分享以及兩本分別關於個案和「樂齡之友」的故事集。書籍當中的每一個字，是來自生命與生命之間真實交往的點滴，也集結了2016年「賽馬會樂齡同行計劃」開始至今，每位參與計劃的長者、「樂齡之友」、機構同工與團隊的經驗和智慧，我很感謝他們慷慨的分享與同行。我也感謝前人在每個社區所培植的土壤，以及香港賽馬會提供的資源；最後，更願這些生命的經驗，可以祝福更多的長者。

計劃開始後的這些年，經歷社會不安，到新冠肺炎肆虐，再到疫情高峰，然後到社會復常，從長者們身上，我見證著能安享晚年，並非生命中沒有起伏，更多的是在波瀾壯闊的人生挑戰中，他們仍然向著滿足豐盛的生活邁步而行，安然活好每一個當下。

願我們都能得著這份安定與智慧。

香港大學社會工作及社會行政學系高級臨床心理學家
賽馬會樂齡同行計劃計劃經理（臨床）
郭韡韡
2023年3月

前言
有 關 「 賽 馬 會 樂 齡 同 行 計 劃 」

　　有研究顯示，本港約有百分之十的長者出現抑鬱徵狀。面對生活壓力、身體機能衰退、社交活動減少等問題，長者較易會受到情緒困擾，影響心理健康，增加患上抑鬱症或更嚴重病症的風險。有見及此，香港賽馬會慈善信託基金主導策劃及捐助推行「賽馬會樂齡同行計劃」。計劃結合跨界別力量，推行以社區為本的支援網絡，全面提升長者面對晚晴生活的抗逆力。計劃融合長者地區服務及社區精神健康服務，建立逐步介入模式，並根據風險程度、症狀嚴重程度等，為有抑鬱症或抑鬱徵狀患者提供標準化的預防和適切的介入服務。計劃詳情，請瀏覽http://www.jcjoyage.hk/。

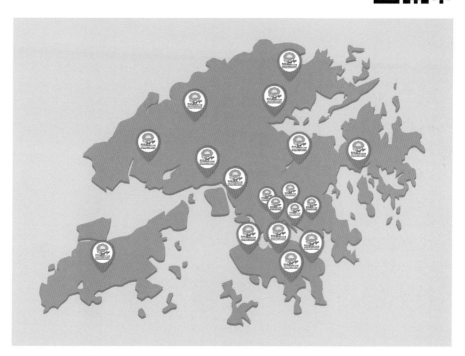

簡介

有關「樂齡之友」

　　「賽馬會樂齡同行計劃」由2016年開始提供「樂齡之友」課程和服務，至今已培訓超過800位長者。「樂齡之友」培訓課程包含44小時課堂學習(認識長者抑鬱、復元和朋輩支援理念、運用社區資源、「身心健康行動計劃」和危機應變等等) 及 36小時實務培訓（跟進個案、分享個人故事和小組支援等等）。透過系統性的培訓，裝備「樂齡之友」以協助社區上正受抑鬱情緒困擾或有機會患上抑鬱症的高危長者，並以朋輩支援的形式為長者提供預防性的關顧及支援，以同理心和同路人的經歷和資源，建立一個促進精神健康、老有所為的友善社區。完成培訓和實習的「樂齡之友」，將有機會受聘於賽馬會樂齡同行計劃服務單位，用自身知識和經驗跟進受抑鬱情緒或風險困擾的長者，提昇他們的復元希望。

以前已過去，將來未知，活在當下！

— 鎮江 —

受訪樂齡之友：**鎮江**

年齡：67

服務年期（截至2023年8月）：1年

在義工服務中，男士的參與就如寶石一樣珍貴。退休前任職珠寶工匠的鎮江，曾因不被理解而差點走上絕路。作為過來人的他經常把「老人家不為金錢，只為關心和問候」這句話掛在嘴邊。曾因為不被理解而感到痛苦，鎮江開始了「助人」之路。鎮江的故事，引證了走過的路除了是人生的經歷之外，更可以轉化成一鼓強而有力的助人力量。

 難 忘 故 事

「靚女，不如我幫你派下口罩啦！」

2022年某天，鎮江在街上看見一條長長的人龍，中心職員忙於派發口罩，他主動走過去幫忙一起派。完成後，他問姑娘：「之後還有沒有義工做？」由那時開始，鎮江便成為了義工，自此更結下跟中心和長者的緣分。

鎮江在區內只住了大概一年多，原以為中心會安排自己幫忙做抹枱、搬枱或換燈泡等工作。怎料，社工鄒姑娘邀請他「和老人家傾偈！」，從而關顧長者的情緒健康。鎮江覺得「唔使擔、唔使抬，淨係傾下偈，仲好！」令鎮江更意想不到的是，在服務其他長者之前，中心還提供讓他先認識自己情緒的培訓，「之前迷惘了一段時間，不懂甚麼是抑鬱，只是覺得自己好委屈，好難過。」而培訓令他發現，「原來自己一直有很多抑鬱的情緒……」

　　鎮江已婚，育有兩子。退休前居於加拿大。由於兒子希望回港發展，太太為照顧兒子而隨子返港，鎮江便獨自在加國生活，導致夫妻關係疏離，影響了家庭關係。雖然他在當地是一位很受公司器重的珠寶工匠，老闆們甚至曾經為他而發生爭執，但為了家庭，鎮江毅然放棄加國的事業回港與家人一同生活。

　　回港後鎮江沒有工作，變得無所事事。即使生活無憂，但為了減省不必要的開支，他避免外出，很少約朋友或者應約，因而變得孤獨。幸好，很喜歡小朋友的鎮江不久後榮升為祖父，十分投入照顧孫女的生活。投入程度之高，連媳婦也覺得他與她「爭女湊」。鎮江說：「以前我會揹著孫女煮飯，覺得自己比媳婦更照顧孫女。」

　　過了幾年湊孫的生活，為了讓孫女有良好教育，兒子一家回流加拿大。鎮江再不捨也要放手，生活再次變得空虛。同時，因為一筆過付清樓債，流動資金變少，鎮江只好留在家看電視，估計看了數百套電影或劇集，更因為沒有運動和久坐，養了一圈大肚腩。

「我唔需要金錢，或者其他嘢；
只要聽我講嘢，我個心就好舒服。」

　　成為中心義工之前，鎮江覺得自己在社會上沒有身份。每當他在街上遇到需要幫忙的長者時，總因為自己沒有義工身份而不知如何提供幫助，有時更會擔心自己性格「衝動」而引起衝突。正式成為義工後，他知多了有甚麼渠道可以幫助有需要的長者，甚至會主動邀請他們去長者地區中心，由中心姑娘提供協助。

　　接受培訓後，短短的三個月內，鎮江已經在小組及個案中向長者提供支援，其中一位是麗婆婆。在小組活動中，麗婆婆最初很害怕鎮江，覺得「做咩有個男人喺度」，直到因鎮江默默地陪在她身邊和幫忙傳遞工具，而慢慢接受他的存在，甚至開始互相交流，相處越見融洽。在最後一節小組活動，麗婆婆更主動分享有義工陪伴、傾談，甚至能與鎮江成為朋友而感到很開心。陪伴麗婆婆的鎮江，聽到麗婆婆的心聲，也覺得有很大的成功感。

> 「因為我地係同路人，我知道佢寂寞，
> 佢聽我講嘢，我好開心，佢亦會講下佢既嘢俾我知⋯⋯」

　　除了麗婆婆之外，鎮江也支援了徐伯。徐伯90多歲，年輕時熱愛打泰拳，現常受痛症影響，更經常出入醫院。鎮江覺得初次接觸的徐伯「好灰」，後來明白徐伯的不開心是因為與妻子間沒有甚麼話題。加上年紀大，病痛多，子女又不在身邊，難免會感到寂寞和孤單。對此，鎮江感同身受，更覺得同病相憐。為了增強徐伯的支援網絡，鎮江每星期聯絡徐伯兩次，鼓勵他到中心運動和傾談。傾談後，雙方各有得著外，徐伯更較以往願意走出家門，到中心參加活動。

　　以為個案情況轉好之時，徐伯的情緒卻轉差。鎮江多番引導下，才得悉徐伯外出購物時突然失禁，覺得很丟臉，更晦氣地說「唔死得都無用」。鎮江便與徐伯一起分析失禁的原因，是由於他出外前服食了利尿藥才發生該次意外，以後只須調較服藥時間就能夠避免再次發生類似事件。此外，鎮江還陪伴徐伯做運動及鍛鍊身體，但徐伯的情緒仍充滿不安和經常發脾氣。鎮江鍥而不捨，細心探討下，才發現問題的癥結。

　　原來，徐伯兒子早前去了外國旅行，他認為兒子是為移民探路，擔心自己日後沒有人理會，無法齊齊整整地吃團年飯，所以情緒依然低落。這時候，鎮江便以過來人的經歷，分享兒子及孫女移民後的心路歷程，解開了徐伯對團年飯的執念，同時擴闊團年飯的意義。知道有人同行後，徐伯的心情變回開朗，並聽從鎮江的建議繼續做運動。鄒姑娘亦表示，徐伯由以往不願意到中心，到現在會致電中心交代自己會否前來。

「幫人，亦係幫自己。覺得好充實，好開心！」 ⋯⋯⋯⋯⋯

　　鎮江最近收到徐伯的墨寶——「放下」，不但感到安慰，更深感「幫人，就是幫自己」。他認為如果當年遇到困境時，有人相信自己，並願意與他傾談和開解，便不會因為工作的際遇和不被理解而三度想自殺。此外，做義工也讓鎮江有很大的改變。由於鎮江經常帶長者去運動，不再困自己於家中，就連自己也有所得著，他的大肚腩消失了，身體狀況及集中力均有所改善。在情緒上，鎮江開解長者的同時，也將學習到的應用在日常生活，減少了憤怒的情緒，變得平靜，大大改善了與兒子及太太的關係。

樂齡之友故事 ②

每日開心啲，病痛都少啲！

—碧—

受訪樂齡之友：**碧**

年齡：73

服務年期（截至2023年8月）：2年

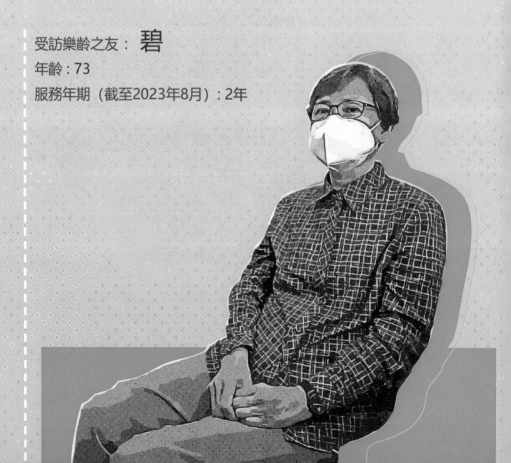

阿碧個性開朗，有多年義工經驗，主要服務智障人士和小朋友。在朋友鼓勵下，阿碧決定學習和接觸更多義工類型，便參與「賽馬會樂齡同行計劃」，學習服務長者。跟一般人想法不同，阿碧覺得長者也有很高的學習和自理能力，能夠見證他們重拾信心照顧自己，是一份新的體驗和喜悅。阿碧很感恩計劃令她擴闊知識，幫助自己準備衰老及能力下降來臨的一天。

 難忘故事

「只要你有需要，我就會陪你覆診。你屋企無人陪你，我陪你！」

　　一次在瑪麗醫院遇見一位婆婆的經歷，令阿碧印象深刻，她自此非常重視陪同長者覆診。當時那位婆婆早上已候診，直至中午仍未被安排見醫生。婆婆問了姑娘後，才知道原來輪候號碼一早已過。即使如此，婆婆希望下午能繼續輪候。然而，護士姑娘告訴婆婆，醫生已經離開，需要重新排期。阿碧目睹這件事感到十分痛心，因為沒有人陪長者看醫生，長者又聽不到叫號，白白錯失了看診機會。因此，阿碧表示如果服務的長者個案擔憂家人無暇陪伴，她必定會陪同覆診，好讓個案和自己也安心。

「見到長者有轉變和開心返，我都會好開心！」

當別人都認為覆診很花時間，阿碧卻看中陪診的時光是了解長者的好機會。其中，在陪同個案黃婆婆覆診的過程中，阿碧留意到當提及與子女的關係，以及要獨自覆診時，黃婆婆都會眼泛淚光。

黃婆婆年輕時雖然被父母忽略，但結婚初期有聘請傭人，生活尚算幸福。直到丈夫離世，育有兩子一女的她，因為環境轉變，要自己獨力照顧家庭。習慣以子女作為生命支柱的她，在年老時仍要面對各種難題，比如最疼惜的女兒移居外地，又與大媳婦出現婆媳爭拗，結果大兒子一家遷出，彼此甚少見面。黃婆婆現時雖與小兒子共住，但他的工作時間長，可提供的關心及照顧也有限。跟許多喪偶的個案一樣，黃婆婆難以面對要獨自生活，導致情緒失衡。所以陪黃婆婆覆診的同時，阿碧嘗試讓她從另一角度看待兒子和媳婦，體諒他們所面對的生活和經濟壓力，以修補彼此的關係。至於小女兒移民，阿碧勉勵黃婆婆好好照顧身體，便可以到外地探望女兒和孫子，同時提醒她多做運動和參與中心活動，保持身心健康。黃婆婆聽到後感到安心和期盼，承諾會積極參與和學習。自此，阿碧見到黃婆婆在精神和生活上也有正面的轉變，除了做多了運動，還會主動邀約朋友欣賞粵劇，又與子女媳婦聚餐及合照，個性變得開朗。

「我完全無接觸過這些事物，我都好像一個學生去學！」

　　黃婆婆的轉變不是短時間便能做到，其實阿碧花了差不多兩個月時間，多次致電關心她。由最初只是1至2分鐘，慢慢增加到9至10分鐘，才得到她的信任，與她熟絡起來。黃婆婆的轉變，讓阿碧感到十分鼓舞和滿足。阿碧也留意到所接觸的個案多受婆媳關係或家庭問題困擾，她認為長者擁有自己的想法和見解，儘管當下受情緒困擾，但只要給長者空間分享和傾談，心情便容易平復下來。當長者得到別人的關懷，心境上也會有所改變，慢慢展露笑容。阿碧亦期望社區和中心能為長者舉辦更多活動和提供不同的資源，簡單如運動班，已經可以鼓勵到他們走出家門，讓他們有更多的學習空間，接觸和體驗社區，以及提升對精神健康的關注。

　　阿碧認為自己對個案而言，只是其中一個提供服務的義工，她認為有需要便幫忙，盡力而為。然而箇中的獨特經歷，讓她深刻明白人是可以改變的。儘管遇到不少困難和不如意的事，也可以慢慢走出困境。能夠幫助和見證一個個的個案「走出來」，阿碧感到幸運，即使要結案，她也能豁達接受和坦然面對。她認為跟個案的關係，只是身份的改變。日後仍會以朋友的身份，致電問候或上門探望。在盡情投入服務時，阿碧亦不忘好好照顧自己，預留休息時間。她覺得每個人也會變老，也需要別人幫助，只是現在先幫助別人而已。她感謝「賽馬會樂齡同行計劃」讓她能夠學習和服務有需要的長者。除了精神健康知識，在與長者一同參與藝術、運動小組時，阿碧亦增進了其他的知識和見聞，獲益良多。

樂齡之友故事 ③

接納自己及其他人。
難關總會過，希望在明天，加油！

— 貴珍 —

受訪樂齡之友： **貴珍**

年齡：65

服務年期（截至2023年8月）：1年半

不同性格的人走在一起，有可能會「火星撞地球」，也有可能是「一拍即合」。貴珍和長者玲姐的相處卻是屬於由前者變成後者的旅程。由約定時間較早到相對準時就好的態度，到急性子與按部就班的節奏，再到情緒優先和理性為主的性格，兩個不同個性的人，卻在交往的點滴中學會接納對方的情緒，明白彼此的需要，建立健康和平等的關係。在一同成長的同時，作為「樂齡之友」的貴珍也對年老有更深的體會。

 難 忘 故 事

「我啲朋友好積極，我覺得自己好hea。
但與不同人交往，都可以學到嘢！」

　　貴珍回想當初參加計劃時，朋友的丈夫過身。那個朋友雖然已經有社工及精神科醫生支援，但仍未完全走出陰影。看到身邊朋友的努力，貴珍覺得無論有沒有情緒病，生活不能「hea」，要積極地過生活。加上她希望可以親身向朋友提供協助，便報讀「樂齡之友」培訓課程。作為中心首批「樂齡之友」，貴珍於疫情期間關顧了十三位長者，每月經常致電關顧他們。玲姐就是貴珍服務的其中一個個案。

「玲姐本來很有自理能力，但受情緒影響，變得不知如何是好……」

　　玲姐年約80歲，丈夫因中風入院，覺得子女不太理會自己，關係一般。由於疫情關係，玲姐不能到醫院探訪丈夫。除了擔心丈夫的病情之外，更憂慮日後沒有能力照顧丈夫，情緒大受影響。

　　玲姐很希望丈夫可以早日出院歸家，並為此作周詳的準備，細緻如丈夫出院後如何使用自動櫃員機也有考慮。貴珍形容玲姐很聰明，但很容易焦慮，曾試過很多個早上突然找她幫忙。有一次早上約七時多，貴珍剛起床便收到玲姐的電話，說晚上睡不著，結果前往提款機提款，但提款機「故障」令她大為緊張。於是貴珍陪同她前往嘗試提款，過程卻十分順利。另外，玲姐想取消戶口，在貴珍的鼓勵下，玲姐先跟女兒商量。本來相約早上九時陪同處理，但玲姐八時多已在銀行排隊，自己辦理手續。我們不難看出玲姐具備自行處理問題的能力，只是間中受到情緒影響。情緒穩定的時候，玲姐是可以好好照顧自己的。

「年輕的時候，作為父母，很有權威性。
到老來從子，就要睇你能唔能夠放下尊嚴。」

　　貴珍認為子女並非不理會玲姐，只是覺得玲姐年輕時充滿魄力，沒有必要密切注意。加上不是同住，子女對玲姐的情況轉變不太理解，所以玲姐便產生錯覺，以為子女不理會自己。

　　丈夫出院後不久因為跌倒要再次入院，之後玲姐變得「失魂」。某次在家清潔時，手機意外地跌進馬桶，玲姐將此事告訴貴珍。而貴珍鼓勵玲姐告知女兒，也將情況告訴中心姑娘，幫忙與女兒溝通。女兒知道情況後，願意接手處理，同時亦請貴珍幫忙陪同媽媽購買新手機。

　　後來丈夫可以出院，不過在女兒陪同下仍找不到合適的安老院。正與女兒討論的玲姐，突然激動起來，踏出窗口，幸得女兒把她拉回來才沒有釀成悲劇。最後，女兒決定聘請傭人照顧爸爸。不過聘請傭人後，並不代表沒有問題。貴珍覺得與其集中討論傭人的過失，不如引導玲姐聚焦在傭人可以幫助她照顧丈夫的事情上，並將照顧工作清晰交代，這的確減輕了她的照顧壓力。

> 「你突然『殺』埋來，有時我真係幫唔到呀，我都有自己嘅生活。」

　　貴珍面對玲姐經常突然提出要求陪伴及幫助，她也不時向玲姐直言：「尋找支援是不能夠每次也可獲得即時回應，也要學習自己解決問題。」玲姐曾對貴珍有微言，覺得貴珍未有好像她一樣，在約定時間之前一小時到達，令她的時間白過。貴珍對此不但沒有感到壓力，反而指出玲姐過長的等候時間會讓自己辛苦，只需準時到達便可。貴珍認為關顧長者的同時，也可以說出自己的感受，讓對方理解自己的處境，才能維持健康的關係。長者也可以從中明白除了關顧自己外，也要學習照顧其他人的感受。有一次，玲姐致電貴珍求助，剛好貴珍患上新冠肺炎需要家居隔離，無法提供即時支援。了解到貴珍的情況後，玲姐的角色反而由接受支援變成主動關心他人，不時致電關心貴珍，讓她感到很窩心。

「要培養興趣，揀選一項即使到身體差時
亦能夠做到的事情。因為隨著年紀漸長，
朋友會越來越少。」

　　參與計劃後，貴珍覺得自己更有耐性，明白到要接納長者的
處境與他人的情緒，即使現在有朋友令自己不開心，也能處之泰
然。年過60歲的貴珍更覺得服務長者像是一個循環，既是服務，
也是學習年老。貴珍從中體會到隨著年紀增長，心境是會轉變
的，也明白到社交網絡和培養一個能夠讓自己投入的興趣的重要
性。在這個與不同長者的互動循環中，貴珍也變得更懂接受自己
的情緒和年老的變化。

樂齡之友故事 4

活在當下，面對自己，尋找興趣！

— 秀華 —

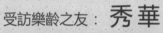

受訪樂齡之友：**秀華**

年齡：61

服務年期（截至2023年8月）：3年半

個案蓉婆婆由一個曾自殺的長者，轉變到會主動參加中心的活動，「樂齡之友」秀華功不可沒。

 難 忘 故 事

「多謝家姐！」 ⋯⋯⋯⋯⋯⋯⋯⋯⋯⋯⋯⋯⋯⋯⋯⋯⋯⋯⋯⋯⋯⋯

　　某天，秀華的姐姐從收音機得知「樂齡之友」義工培訓計劃，隨即聯絡秀華，問她有沒有興趣參與，成為幫助抑鬱長者的義工。當時秀華未有即時報名，姐姐再次致電提醒後，她才開始這個「樂齡之旅」。

　　秀華是「賽馬會樂齡同行計劃」第一階段便參與的義工，服務前接受了100小時的培訓，至今接觸了9個個案。對於這100小時的培訓，秀華說：「婚後一直照顧家庭，直至女兒長大，便希望『可以出返來做少少嘢』。剛好有義工服務機會，覺得可幫助人，便嘗試一下。同時，無論是自己和朋友，情緒也會有起伏，所以希望對抑鬱有更多認識。」

　　秀華服務的個案，大多是孤獨、寂寞的長者。其中最有挑戰性的，是在2020年疫情嚴重時，接觸有自殺傾向的蓉婆婆。秀華憶述，由於疫情關係，未能親身探訪蓉婆婆，只好隔著電話，開展她們第一次的對話，坦言也有點緊張。雖然沒見過對方樣子，但秀華仍細心地聆聽電話筒另一邊的聲線，感受到蓉婆婆沒甚麼朝氣般，也沒有甚麼回應。她明白人與人之間建立關係是需要時間，沒可能一下子就能打開婆婆的心扉。透過多次接近一小時的通話，蓉婆婆漸漸信任秀華，願意將自己的故事說出來。

　　原來蓉婆婆年輕時喪偶，獨力照顧女兒長大成人。女兒成年後，婆婆覺得已經完成「湊女」的使命，頓時沒有了生存的動力，覺得自己隨時可以離開世界，甚至試過自殺。對於第一次接觸曾自殺的個案，秀華起初擔心未夠能力處理。不過，她很就快懂得轉變想法：「不是要實質幫到她甚麼，而是幫她將心裡的鬱結說出來；最需要做的是用心去聆聽，讓婆婆感受到有人與她同行。」秀華耐心地開解婆婆，讓她明白到「完成前半生照顧女兒的階段，不代表人生就完結。人生的下半場現在才剛剛開始，要真正為自己而活。」蓉婆婆聽到這個講法後，想法上有些正面的轉變，不過又有另一個難題待秀華去拆解。

這個難題，要由女兒結婚後搬離娘家，蓉婆婆開始獨居說起。蓉婆婆原本以為女兒會一直陪著自己，誰知正打算裝修居所前，女兒告訴她將會結婚遷出，令蓉婆婆意料不到。加上孫兒出生後，即使女兒有回娘家探望，但蓉婆婆覺得女兒的專注力只放在孫兒身上，根本沒有時間與她溝通，結果出現更多負面的情緒，「會憎孫仔，覺得孫仔搶走了我的女兒。」聽到這一切，秀華再次為婆婆分析解憂，讓她思考到，「疼愛孫仔，便是疼愛女兒的一個表現。」結果蓉婆婆接納秀華的建議，嘗試先對孫兒好。現在孫兒每次見到婆婆都不捨得走，女兒見到婆孫關係好，也很高興。

> 「秀華令到個案更能敞開心扉，更容易坦誠分享，
> 這是社工面對的局限，可以相輔相成、互相補足。」

　　秀華認識蓉婆婆時正值疫情初期，義工及職員都不能家訪。無論是對秀華和社工來說，也較難掌握到蓉婆婆整體情況。姑娘坦言，當初將秀華與蓉婆婆配對是因著她抗壓力高，表達能力良好和思緒清晰。這些特質大大幫助姑娘的工作，以便日後跟進個案。

　　因為疫情關係，秀華只能以電話與蓉婆婆聯繫長達五至六個月。她跟姑娘一直都有清晰的分工及緊密的溝通，秀華主要聆聽婆婆的情況，姑娘除了跟進婆婆的情緒外，亦負責與婆婆家人溝通。每個星期多次聯

絡跟進長者的情況，秀華和姑娘廢寢忘餐，為蓉婆婆一起拼搏。因為婆婆跟秀華和姑娘即使就著同一件事，說法也有不同，所以即使後來可以家訪，雙方也繼續緊密溝通。例如婆婆因為服用藥物後感到身體不適，自行調較藥物。秀華向姑娘反映並處理，婆婆便覺得「原來問題講咗，係有人幫架！」並對秀華和姑娘也建立信心。

除了個案跟進，秀華也額外安排時間陪伴蓉婆婆參加中心的小組活動。從活動中，秀華可以看到婆婆的價值觀和糾結的地方，有效幫助婆婆換另一角度和方法看待事物，改善跟女兒及孫兒的關係。

「佢有改變，我自己都有改變！」

「第一次家訪，見到蓉婆婆家中雖然有窗，但也關起所有窗簾，全屋漆黑一片，我感到不太舒服。」終於可以親身見到蓉婆婆了，秀華卻沒想到原來婆婆一直在一個較黑暗的環境居住。了解過後，發現原來婆婆覺得中午時分陽光十分刺眼，所以長時間把窗簾拉下。秀華則認為有陽光照射入屋，心情也會好些，有助紓緩情緒，並向婆婆建議除了中午時分，嘗試多拉開窗簾。直到第二次再見蓉婆婆時，秀華見到窗簾拉開了，和煦的陽光光線入到屋，都深感安慰，令她更有推動力去幫助長者。

秀華感到更安慰的是，蓉婆婆由有自殺傾向，到結束個案後主動參加中心的活動，甚至想去幫助其他長者。在開解蓉婆婆的過程中，秀華發現自己也有改變。她從前會覺得長者囉嗦，但當她願意用更多的同理心去理解蓉婆婆的處境時，便明白到長者不開心是有原因的。秀華變得更主動地關心接納蓉婆婆，令她不再感覺被忽略。

　　姑娘也覺得秀華較以往主動，而且「大膽咗」。秀華亦發現自己勇敢了，抗壓力提升了，思想也再正面些。看著一個原本想自尋短見的人，一步一步努力地改善自己，秀華也學會了遇到不如意的事時，「唔可以沉下去，要起返身」，以正面和積極的態度面對困難。例如秀華最近因為腳痛引致情緒波動，擔心不能出席是次訪談。但她隨即轉念，上網尋找紓緩方法，最後能以最佳狀態接受訪談。

樂齡之友故事 **5**

信，愛，盼

註：信：有信心，不比較，欣賞自己；

愛：你不孤獨，可被愛，亦能愛人；

盼：有盼望，有目標，別怕失敗

— 少娥 —

受訪樂齡之友： **少娥**

年齡：60

服務年期（截至2023年8月）：3年半

從中學當輔導老師退下來的少娥，因為聽力衰退加上已屆退休年齡，無法再從事教育工作後，感覺無奈。跟長者傾談，能讓她重拾以前教書的價值和感覺。從課室到生活，從人生如白紙的學生到經歷滿滿的長者，從以前帶領學生到現在由長者主導。教學相長，對少娥來說，除了教導，也是學習，學習勇敢面對自己老年化的事實。

 難忘故事

「長者是充滿人生經驗的小朋友，要慢慢傾。
能夠由陌生人做到朋友，有乜都講！」

　　某天，少娥看到屋苑存放有關長者精神健康和精神健康急救的單張，便踏上支援抑鬱長者之路。2020年7月開始，少娥接受了「樂齡友里」義工培訓和進階班的訓練，成為「樂齡之友」，分擔了社工的工作，負責關心長者在家庭、經濟及健康方面的事項。

　　參與計劃後，少娥曾協助社工在不同的小組進行活動，小組後也會致電關心長者的情況。少娥會按長者情緒評估的分數，致電慰問沒有參與小組的長者個案，並將所獲得的資訊交予社工，以便日後跟進。

　　少娥認為輔導長者跟輔導學生既相似，但卻不一樣。退休前教導的中學生，多來自破碎家庭，人生經驗較少，覺得沒有人關心自己，需要多傾談和被明白。相反，長者具豐富的人生經驗，經常將「我食鹽多過你食米」這句話掛在嘴邊，認為自己沒

有被輔導的需要。不過，少娥認為，跟中學生一樣，與長者相處也需要花時間多傾談，慢慢建立信任基礎後，便能成為朋友，願意坦誠地分享。

「成為『樂齡之友』後，
我更能體會終身學習的重要性，要活在當下。」

少娥退休前雖然是輔導老師，但跟社工張姑娘合作時，體會到面對長者要有「四心」——「細心，留心，關心，耐心」。對待長者，需要細心留意長者的情緒轉變，常常留心長者此刻情緒是怎樣的，定期致電關心，和耐心聆聽。「長者很可能早上說過某些話，晚上又會再講。只要當自己沒有聽過，耐心聆聽，他們便更願意分享。」

除了「四心」之外，少娥認為長者性格各有不同，若能了解他們的性格，便能對症下藥。例如長者對生老病死的看法各異，有些長者會因為經常要覆診而不開心，有些長者則認為病是「老」的一部分。作為「樂齡之友」，少娥學會了以同理心、不批判、多聆聽、避免說長者「亂諗嘢」的方法，鼓勵他們由負面情緒走向正面思維，並以其他活動來分散長者對負面事件的注意力，擴闊他們的思維。過程中，少娥反思到自己看似在幫助他人，其實也是在幫助自己。

「相同事情，不同信念，不一樣的結果。」· · · · · · · · · · · · · · · · · · ·

少娥把培訓學到的「ＡＢＣ」模式 [1]在接觸的個案中活現出來。長者甲覺得自己含莘茹苦把子女養大，但子女長大後就離棄了她。每次見面，都會哭訴子女及媳婦沒有好好待她。即使跟進了一年，仍沒有改變想法。而另一位長者乙，子女移民離開自己。他並沒有因此覺得被拋棄，反而為子女有其他發展而感恩，並好好地生活。同樣是子女問題，卻有不一樣的結果。

長者丙跟少娥訴說自己已80多歲，除了自己，更要照顧身邊的老伴，感到很大壓力。參與照顧者小組後，長者丙遇上同路人，其中一位組員建議他可考慮安排老伴到護老院。知易行難，長者丙認為當初和對方結婚，就是要照顧對方的生老病死，白頭偕老，安排對方入住護老院與其承諾背道而馳。最後，隨著長者丙親身去護老院視察環境，為老伴挑選地方，並以另一個形式去實踐照顧，讓他明白原來懂得適當地放手，就可以看到其他事情，感覺良好。

註 ◇◇

1. ABC模式: A: 事件 (Adversity/ activating event) ，B: 信念 (Belief) ，C: 後果 (Consequences)。B與A和C相關，而改變信念，可以改變不同的後果。

「處理不同的個案，讓我可以勇敢面對自己的老年化，
並作準備。」

　　少娥認為人口老化，由以往的大家庭轉變成小家庭，造成更多獨居長者。獨居長者性格偏內向，欠缺鄰舍支援，容易產生無望及無助的想法，讓少娥反思如何面對自己的老年化。

　　少娥覺得老年化對大部分人來說是殘酷的，但大家始終要接受現實。作為老師，退休前每班四十個學生聚焦於自己，接受自己的教學，運籌帷幄，覺得自己很有價值。然而，因為年屆退休和聽力下降，少娥無法再從事教學工作，生活感到無奈。參與服務前，她執著於過往的回憶。參與服務後，不同個案的經歷讓少娥有足夠的心理準備，勇敢面對老年化，也不再執著於其他令自己不開心的人和事，更會珍惜每天，活在當下，不讓生命留下遺憾。除了老年化問題，「樂齡之友」的服務亦讓少娥漸漸接受自身的聽障和痛症問題。

　　少娥從長者身上學到心態決定境界。物質未必讓人開心，心態才會。見到部分長者需洗腎或坐輪椅，讓她反思即使自己身患痛症，但她仍都可以走路，可以說話，可以助人。聽力問題更是能夠透過使用助聽器將障礙減低到最低，變成無障礙。她經常會和長者分享「雖然病痛經常在，心隨境轉可enjoy」這兩句話，無論是面對老年化或身體障礙，甚至是各種痛楚，只要轉化思想，盡量將障礙淡化，將優勢發揮，就能繼續好好地生活。

樂齡之友故事 ⑥

迎接美好的每天，創造美滿的明天

— Angel —

受訪樂齡之友：Angel

年齡：64

服務年期（截至2023年8月）：1年半

笑容滿面的Angel，在丈夫的鼓勵和細心安排下完成「樂齡之友」的課程。不幸的是，Angel的丈夫在她參加「賽馬會樂齡同行計劃」一年多後突然去世。Angel雖然經歷喪夫之痛，但仍繼續擔任「樂齡之友」去幫助別人。計劃的出現像是丈夫為她安排的另類治療，讓太太在助人的路途上，同時學會自助和得到安慰，成為丈夫為她安排的最後禮物。

 難 忘 故 事

「知道可以在家學習，丈夫就安排房間讓我上課，我真係好感激我老公，只係……」

　　Angel原本是中心「樓長計劃」的義工。當時，她和丈夫已退休，愜意地過著湊孫的生活。應社工張姑娘的邀請，一向好學加上對課程有興趣的Angel，便參與了「樂齡之友」培訓。於是，丈夫主動肩負起湊孫的主要責任，更安排房間讓她以視像上課，她對此十分感激。然而，在一年多前，丈夫突然患病離世，令Angel失去了重要的精神支柱。

「如果長者再唔理我，我都幫唔到，唯有收工啦！點知，打完針後，出奇地好喎。」

　　儘管面對丈夫離世，Angel亦繼續「樂齡之友」的工作。於特殊學校工作多年，Angel以為只有小朋友才有情緒起伏。在參與「賽馬會樂齡同行計劃」的課程後，她發現原來成年人也會有不同的情緒波動，並學習了不同的心理健康知識。在關顧長者的過程中，Angel除了活用課程中學到的知識，也會運用處理小朋

友情緒時培養到的觀察力和耐性，讓接受服務的長者情緒得以改善。

Angel曾暫代另一位「樂齡之友」照顧一名長者，陪伴他去打防疫針。當時職員請長者填寫資料，長者表現得很抗拒，不明白為甚麼要填寫表格。即使Angel表示可代為填寫，長者也拒絕和表現得不耐煩。

面對此情況，以往工作的經驗讓Angel明白，當刻長者需要的是安撫和陪伴，她就順應長者的意願，暫不填寫。怎料長者打針後，主動告知Angel自己的擔心，並緊張得手也冰凍。原本打算放棄的Angel，又再次嘗試安慰那位長者，牽著他的手給予他溫暖，彼此也建立了友誼關係。之後，那位長者甚至直接聯絡Angel，希望覆診時有她的陪伴。Angel和社工商討後，便再一次陪伴長者。

「長者曾經對我說：『我覺得咁沉重，咁痛，而你（覺得）輕鬆，好似無事發生咁樣。』」

在服務期間，Angel的丈夫突然因病離世，經歷喪偶之痛，社工便安排兩位同樣喪偶的婆婆成為她的個案，希望她們可以互相扶持。個案和Angel一樣，與家人關係良好，平時也較依賴丈夫。其中一位陳婆婆，覺得Angel起初以輕鬆的形式跟她對話，感到不被理解，以為她性格輕挑，所以陳婆婆不再願意參加中心活動。然而，經社工邀約婆婆與Angel見面後，二人打開心扉，互相理解，明白大家其實也有著一樣的痛，可以同哭同行，傾吐心事。

另一位張婆婆的丈夫也是突然離世，自此她便有自殺傾向，間中會提及想尋死。不過自從遇到Angel後，就由以往退縮沒有動力，到後來因為與Angel的關係和鼓勵，願意跟Angel一起外出逛街。她很感激Angel扶了她一把，「你唔同我，不過我好多謝你，你帶了我行返出來」。

「將情緒健康責任交還予兩位婆婆。」

Angel明白很多時候長者未必敢直接向年輕人提出想法及要求，例如想有人為自己慶祝生日，但不會說出口。有一次，她與長者通電話，剛好得知當日是婆婆的農曆生日，不過因為沒有人跟她慶祝而失望。Angel 於是馬上買了一個小蛋糕和婆婆慶祝，大家一起談談話，婆婆已經好開心，Angel也感到很滿足。

後來，因為Angel兼職的工作越來越多，她擔心會忽略長者們，所以想到一個辦法，就是鼓勵他們主動聯絡自己，這樣Angel即使再忙，也不會不記得定期了解長者的情況。Angel一直希望陳婆婆和張婆婆可以互相認識，將來彼此幫忙，以及擴闊她們的生活圈子。與社工討論後，大家就同意靜候時機。有一天，Angel正和張婆婆一起時，陳婆婆剛巧來電，Angel便順道邀

請陳婆婆一同外出，難得被動的陳婆婆也願意。見到面時才發現原來二人早已認識。兩位婆婆雖然背景不同，偶爾有不同意見，但兩人之後也有主動邀約對方外出逛街，讓Angel感到既驚喜又意外。

「幫人就同時是在幫助自己。感恩，覺得自己比好多人幸福。」

　　Angel表示有時安慰兩位婆婆的鼓勵說話，其實也是對自己說的。面對著喪夫之痛，Angel難免有跌入情緒陷阱的時候，甚至失眠。這個時候她會與同樣經歷喪夫的婆婆一起談談丈夫以前的好，做到互相照應。另一邊廂，Angel與婆婆的兒子也是不善於表達愛，當Angel開解婆婆其實兒子是很關心她的同時，又好像安慰到自己，也學會了要欣賞自己兒子。與長者的相處，服務他們的同時，Angel更學習到要隨遇而安，即使丈夫已不是真實的存在，但仍然可把這份思念牢牢的放在心中。

樂齡之友故事 **7**

我們都一樣，當遇上障礙，
都需要重拾力量去跨越它。

— Mandy —

受訪樂齡之友：**Ｍａｎｄｙ**
年齡：51
服務年期（截至2023年8月）：1年

曾從事幼兒園老師的桑呂敏妮（Mandy），多年的教學生涯培養了她快速辨認人的技能，使她能深刻地記下每位個案及身邊的人和事。與長者相處的過程中，除了協助個案重拾力量，同時不知不覺間彌補了Mandy與媽媽相處的缺失，得以稍稍釋懷，也改善了Mandy與家人的關係。

難忘故事

> 「我以為自己進入更年期，無想過有精神健康困擾。」 · · · · · · · · · ·

參與計劃之前，Mandy在50歲時出現類似更年期的徵狀，例如出汗、無緣無故地哭泣，甚至無緣無故發脾氣。醫生曾向她處方藥物治療，但因擔心副作用，不敢服用。有一天，她在社交媒體看見有關「樂齡友里」和「樂齡之友」長者精神健康課程的資訊，便抱著或可從課程中知道更多關於更年期的徵兆，於是向中心姑娘了解更多有關課程的資訊。雖然課程與更年期無關，但她意識到身體或已響起一些精神健康警號，所以希望藉此了解更多。除此以外，過往與嫲嫲一起生活的經歷也使她渴望了解更多長者的世界，於是決定服務長者。

原來Mandy媽媽年輕時已經離開家庭，覺得媽媽遺棄了她，所以Mandy對媽媽的印象不正面。同時，Mandy對爸爸的印象也不太好，覺得他是家暴者，所以數十年來Mandy也思考著媽媽離開她的真正原因。為了解開這個謎團和困擾，她希望透過做義工，接觸和了解遭受家暴的人士及長者，以尋找釋懷的方法。

Mandy坦言無法完全原諒媽媽的離開，但想到自己已年過半百，即使媽媽在生也應年事已高。雖然現在沒勇氣跟她見面，但Mandy也希望透過參加「樂齡之友」而做好準備。若有一天再見面時，能不帶著責怪的語氣與她溝通。

「開心可以同個案互助互惠，甚至有時我覺得自己更像服務對象。」

Mandy其中一位服務的長者是患有視障四十年的陳婆婆，她能自己處理起居飲食，不過缺乏傾訴的對象。恰巧Mandy和婆婆有著相同的宗教信仰，加上Mandy希望跟較年長的對象傾談，二人很快一拍即合。陳婆婆曾單獨前往教會，路上險遇交通意外，所以Mandy盡量每月有一次至兩次跟她一同回教會。除了對信仰的追求驅使陳婆婆到教會，前往教會也有另一層意義，便是跟孫子見面。由於女兒和孫子沒有與陳婆婆同住，加上即使他們同日在教會出現，但因為上不同語言的課堂，大家沒有很多見面的機會。陳婆婆只可以在孫子上課後和自己上課前的15分鐘見面。因此，每次Mandy與陳婆婆到教會，也會計算好時間，確保陳婆婆抵達教會並能與孫子見面。

Mandy留意到陳婆婆只要能夠見到孫子，在教會唱詩歌的環節也會特別投入和開心。能夠幫助個案，並看見她在教會和孫子身上重拾力量，Mandy感到十分滿足。而在前往教會的路程中，她也有意外收穫。陳婆婆對她的慰問和關懷，讓她感到溫暖，甚至流淚。

「我就好像等這句話，等了廿年，
　竟然是從個案口中聽到，聽完好舒服。」

　　每次前往教會的路上，陳婆婆也會關心Mandy的家庭狀況和近況。有一次，Mandy分享了她的童年經歷，陳婆婆回應：「你都好慘，好辛苦，肯定好難受！」聽到這番說話，Mandy已經無法控制淚水，不斷抹眼淚。她驚訝陳婆婆竟不是質疑她為何無法原諒媽媽，而是說出一句讓Mandy等待多年和讓她釋懷的說話。

　　陳婆婆的說話讓Mandy想起，有長者曾向她表示想輕生，會以「你要諗到呢一步，你梗係好辛苦啦！」來安撫他。當聽到陳婆婆用相同的說話安慰自己，Mandy感到心中有一股暖流，並解開了數十年來的困擾。雖然未必有勇氣與母親相認，但這刻的她已不再責備母親，對放下困擾感到無比舒適。

「將自己上堂學到的知識運用在生活上，
　好幫到自己。『樂齡之友』要繼續（做）落去！」

　　服務長者的經歷，令Mandy的性格有正面的改變，甚至連她的家人也感受到。家人深深覺得Mandy變得溫柔和易於溝通，即使有衝突，也不會再好像以前般強勢地質問他們。例如她會運用課堂上學到關於情緒的知識，向兒子解釋媽媽可能經歷更年期會有的情緒起伏。當情緒快將來臨前，希望兒子能給予她空間好好過渡。同時，當兒子在工作或學業上經歷情緒困擾時，她會更有耐性地用訊息慰問兒子，鼓勵他分享。

　　成為「樂齡之友」後，Mandy學會了更多與長者溝通的技巧。與多年在幼兒園教學的經歷不同，雖然服務長者也需要耐性，但長者們有更多歷練和見識，需要更為尊重，給予他們多些分享空間。令Mandy意想不到的是，在服務長者的過程中，反而得到他們很大的安慰，跟「平時做完義工就可以離開」很不一樣。

　　Mandy認為「賽馬會樂齡同行計劃」很有意義，希望計劃可以延續下去。她深感計劃除了令個案長者受惠，也令提供服務的長者學習到管理情緒的方法，以致日後他們面對自身精神健康問題時，也不會感到太徬徨。

情緒困擾唔係病，遇上問題唔好獨力支撐！即使沒有需要幫忙，都可以搵人分享。

— Terence —

受訪樂齡之友：Terence

年齡：60

服務年期（截至2023年8月）：2年

Terence曾經在內地從事金融業客戶服務工作八年。2016年，54歲的他原本打算回港找一份輕輕鬆鬆的工作，享受半退休生活，怎料確診患上胰臟癌。由於早期胰臟癌沒有明顯病徵，到發現患上之際，往往已經難以醫治。當時醫生甚至跟他說：「你只有2%的機會活到第五年，也沒可能活多於五年！」儘管如此，Terence沒有放棄，選擇積極面對病情。一方面接受手術和藥物治療，另一方面修練靜觀和氣功，學習管理自己的情緒。現在已踏入第七年了，癌症可謂已經康復。期間Terence更積極參與義工培訓和進階班的訓練，成為中心的「樂齡之友」及WRAP®[1]帶領員，助人助己。

 忘 故 事

「良好的情緒管理技巧絕對有助身體復元！」 · · · · · · · · · ·

　　雖然患上癌症並不罕見，但當真的發生在自己身上，Terence也很難接受。Terence回想當日家人站在身後，醫生「宣布」自己患癌的一刻，大家頓時鴉雀無聲，不知怎樣回應。而Terence卻打破沉默，跟醫生說願意做手術及接受一切治療。他形容當時只是抱住「頂硬上」的心態，儘管經歷人生一個非常大的難關，但深信保持正向情緒才對病情有幫助。

治療期間，Terence不斷學習靜觀和修練氣功。他認為兩者皆有助平靜心境，把專注力放回當下，再透過仔細觀察自己的情緒變化，給予他強大的心靈力量，從而更有效地管理壓力。

　　透過手術、藥物治療以及心靈修練，Terence逐漸踏上康復之路，更深切體會到維持正向情緒的重要性。他眼見很多面對癌症的病人大多是長者，面對著不同的壓力，包括家庭及人際角色的轉變、經濟財政困難、治療及照顧問題等，難免會有很多辛酸、埋怨、不憤的情緒，甚至自暴自棄和感到厭世。為此，Terence決定參與義工培訓成為「樂齡之友」，幫助有類似處境的長者，與他們同行。

「以前有人將情緒發洩在自己身上，我會與他理論。
現在，會聆聽對方，我相信聆聽，能夠助人控制情緒。」

　　Terence從醫生處得知引發癌症的五大因素，包括遺傳、基因突變、飲食、運動和情緒。對於遺傳和基因突變，實在無能為力。但其餘三個因素，是可以控制的。社會上越來越多「空巢老人」，長期缺乏與子女的交流，加上要面對生活和經濟上的種種改變，包括年輕一代移民，會出現不同程度的負面情緒。Terence明白「清官難審家庭事」，然而經驗告訴他，只要有「同行者」的陪伴，生活其實並不孤單。曾經有一個個案李伯，性格較內斂，與Terence同是癌症病人。雖然說話不多，但每次見面，他倆總是細心聆聽對方的分享，「同行」的過程平平淡淡地完結了。有一天，Terence突然收到老李發來的短訊，原來他已經完成了「樂齡友里」義工課程。這個突如其來的好消息，再一次肯定Terence「同行者」角色的重要性，原來耐心的聆聽，以及分享自己的經歷，可以幫助到別人。

　　退休前，從事客戶關係工作的他，經常要處理投訴。他會教下屬在聆聽客戶的需要前先抽離自己的想法，讓對方發洩情緒，再處理事情。同樣地，Terence也會耐心聆聽長者的說話，讓對方的情緒先平復下來。甚至有長者好奇為何Terence沒有脾氣時，他便可以慢慢加以解釋，令長者更明白聆聽的重要性。

　　由確診患上胰臟癌，到開始接受治療，至步入康復階段，當中經歷很多的起伏。Terence認為不是要斷絕七情六欲，而是當負面情緒出現時，要把它們轉化，不要再讓它們無限放大。透過修練靜觀，Terence開始留意自己的感受，並學習放慢呼吸。持續練習讓他學會平復和接受自己不同的情緒，明白不需要喜歡那些感受，但同時亦不需要跟它們糾纏，能夠開放自己，容讓更大的空間實踐重視的事。對他來說，不僅身體的肌肉可鍛鍊，原來心靈的「肌肉」同樣可以。

　　Terence相信只要做好自己，便能慢慢感染到身邊的人，這是患癌給他的領悟。在分享的同時，他發現自己的情緒無形之中得到釋放，這對保持良好的情緒健康也有幫助。Terence表示，其他癌症病人很喜歡跟他相處。因為只要看到面對難治的胰臟癌，五年存活率低於2%的他仍活過來，就看到希望。經歷過生死，加上作為WRAP®帶領員，Terence希望可以繼續與長者分享康復的經驗，為長者、病患者帶來更多的希望。

註 ◇◇
　1.　Wellness Recovery Action Plan®身心健康行動計劃

樂齡之友故事 ⑨

最重要關心自己的情緒及需要。

— 國鳳 —

受訪樂齡之友：**國 鳳**

年齡：63

服務年期（截至2023年8月）：1年

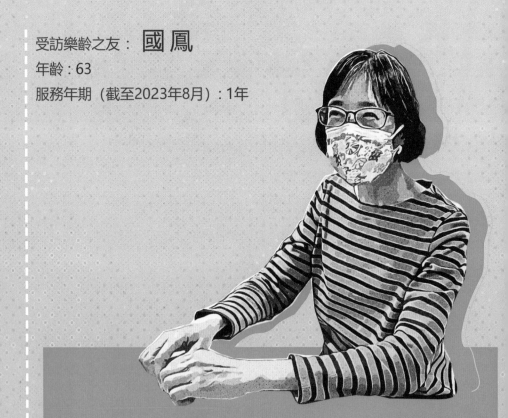

工作無疑佔據了我們大半生，退休是人生中重大的轉變，要適應慢下來的生活更不是容易的歷程。國鳳三年前從節奏急速的會計崗位退下來後，感到失落和迷惘，覺得自己不再被社會需要和「無用」。經過短暫的迷失，理性告訴她生活還是要繼續，做人要向前看，於是從多方面探索，尋找未來的方向。

參加了「賽馬會樂齡同行計劃」後，國鳳對自己和他人的情緒和感受有更深入了解，並且可以學以致用，支援受抑鬱情緒困擾的長者，她覺得這份工作既可自我增值又有意義，尋回自我價值。

 難忘故事

「退休好似不再被需要，充滿失落感。放眼社會，需要支援的人不少，我們可以選擇 『退而不休』，助己助人。」

國鳳回想當初參加「賽馬會樂齡同行計劃」，是因為當時她和家人有輕微的情緒困擾，所以希望透過計劃去增加對情緒的認識。成為「樂齡友里」及「樂齡之友」後，國鳳覺得計劃很有意義，學習到各種紓緩情緒的方法（陪伴、聆聽、同理心、復元等），對自己及家人也有幫助。

國鳳曾服務多個個案，令她印象最深刻的是第一位服務的長者美蓮。她形容美蓮雖然過著過山車般的生活，但意志及動力卻

沒有被打沉。美蓮由照顧丈夫，到丈夫離世，失去生活寄託；直到侄兒遷來同住，才以好好照顧侄兒為目標，重拾動力。然而，認知障礙症的來襲令美蓮記性衰退。國鳳每次探訪美蓮時幾乎也會聽到她說：「我真係冇鬼用，（又）唔記得……」每次聽到「無用」兩字，國鳳也會感到難過。因為每一句「無用」，會令她想起退休後也曾覺得自己無用，幸好加入計劃成為「樂齡之友」，才令她找回自己的價值。

「樂齡之友」可以貼身跟進個案，與他們建立密切的連繫，提供適切的朋輩支援，令國鳳有很大的滿足感。同時，因為有社工陪伴及指導和組員的互相支持，可以在沒有壓力的情況下邊學邊做，也提升了國鳳的自信心。

「以前做會計，出報表要快，回應提問時也要快。
現在要學習慢下來，靜心聆聽，慢慢理解長者說話
內容的背後意思和想法。」

開始上門探訪美蓮時，由於她未能適應陌生人的探訪和關心，所以較寡言，對國鳳表現得很客氣。而國鳳選擇以陪伴、聆聽和一起運動的方式，讓美蓮漸漸敞開心扉，訴說心中的苦悶和無奈。面對長者不同的性格：有些急躁，有些慢熱，國鳳學會了在過程中調節自己的節奏，對長者的情緒有多一份同理心。美蓮的個案，令國鳳體會隨著年紀越來越大，很多事情例如健康和環境的變化是控制不了的。面對不能控制的事情，學會了要活在當下。

在陪伴過程中，國鳳會讓長者盡情傾訴，自己則細心聆聽。她較喜歡跟他們分析問題和思考解決方法，認為這樣有助長者尋找方向。曾經有個案因為婆媳和照顧孫兒女的問題影響情緒，國鳳先讓長者冷靜，慢慢道出問題和需要，引導長者自行分析，排

列優次，並衡量自己的能力，作出合適的選擇和決定。過程中，國鳳也建議長者和兒子坦誠相對，並以照顧自己為先。國鳳認為，對方其實知道應該怎樣做，只是需要旁人提醒一下，事情便可以解決。

> 「多溝通，多留意他人的反應，
> 　人情味都多咗！」

　　國鳳覺得現在較以前看得開，即使當下很在意的事，之後已經不再受影響。與其執著，她會變得更關心家人，十分珍惜與家人溝通和互相欣賞。服務長者之後，她對自己家人也多了同理心，例如當以前國鳳家人提及有痛症的問題時，她只會說「吃止痛藥吧」。但現在國鳳對年老的過程有更深的體會，想法也不同了，明白家人的感受只是現在自己還未感受到，並不代表不存在。國鳳對家人多了關顧，多了聆聽陪伴，也改善了與家人的關係。

> 「長者有人陪伴,對他們的身心都有益, ...
> 希望計劃可以繼續努力做下去。」

　　國鳳認為「樂齡之友」的課程實用,可以一邊學習,一邊改進和增值自己,而且有空間讓他們按長者的情況給予適當的關顧。曾經有長者不願意接觸其他義工,讓國鳳感到很難處理。經了解後,才發現原來那位長者遇過與義工談話內容外洩的不快經歷,令他對其他人有戒心。國鳳便向長者解釋計劃是有保密條款,除了必要事情要告知社工之外,細節盡量不會向社工提及,長者才感到安心。

　　長者一般較難向別人說出內心深處的想法,但可以把連向家人也說不出口的事情告知「樂齡之友」,國鳳覺得很難得。故此,她希望能繼續在計劃中用心聆聽、靜心分析,以及在沒有壓力的情況下,與個案長者建立信任,讓他們和自己感到自在和快樂,心靈得到平靜。

此時此刻，活在當下，樂在其中。

— Yonnie —

善待自己，重整生活。

— Mico —

受訪樂齡之友： Yonnie & Mico

年齡：Yonnie 63 ; Mico 63

服務年期（截至2023年8月）：Yonnie 3年半 ; Mico 2年半

Yonnie和Mico結婚多年，太太Yonnie以「天與地」來形容他倆的性格。Yonnie多年前患上抑鬱症，丈夫Mico以照顧者身份，開始了精神健康的倡導工作。Yonnie形容當時情況可謂「差不多家破人亡」，並經歷了十多年的婚姻治療。今天，如雨後彩虹，兩人成為「樂齡之友」的拍檔，更在當中進深學習，成為WRAP®¹帶領員。Yonnie和Mico一路上共同學習，互相了解和欣賞，帶著共同目標，憧憬以「夫妻檔」幫助更多有需要的人。

 難 忘 故 事

「這三年（疫情）看似白過，但其實沒有。」 ········· Yonnie

　　Yonnie十多年前患上抑鬱症，一直只是在教會參與義工活動，並沒有參與其他服務的想法。相反，Mico開展關於精神健康的倡導工作，成為Yonnie在義務工作範疇的師兄。直到遇上「樂齡友里」義工計劃，Yonnie被課程中的「精神健康急救證書」²吸引，在疫情期間斷斷續續完成了「樂齡友里」和「樂齡之友」課程，開展了「樂齡同行」的旅程。

　　Mico與Yonnie畢業成為「樂齡之友」時，正正就是疫情時期。這三年很多服務都受阻，但卻無阻他倆為長者全力以赴的心。疫情關係，Yonnie未能親身探訪長者，所以只好鼓起勇氣打電話給服務個案，展開與長者的對話。為了讓自己記得每位長者，Yonnie每次致電後也會寫下與他們的對話內容。因為養成這個習慣，即使Yonnie曾離港半年，她只需要幾個月時間，就可以

重拾與長者們的關係。

　　服務時曾有長者與Yonnie提及不想生存，求神拜佛好讓他死去。她真切地明白對方的痛苦，因為她也經歷過沒有動力、無故流淚、想過自殺、在病發時不知道「開心去咗邊」和不被理解的感覺。正正因為這份共鳴，Yonnie總想為他們走多步。於是，作為「樂齡之友」的她，Yonnie試過一人帶上七位長者由天水圍到九龍塘又一城看電影。又曾有一位長者因為剪不到腳甲，嚴重至腳甲刺穿波鞋，Yonnie為長者搜尋服務，並陪同長者去剪腳甲。因為這份同理心和對長者的愛，在Yonnie染上新冠肺炎期間，接受服務的長者輪流致電關心問候，讓她覺得好窩心，更笑說好像突然有了很多位媽媽。

　　至於Mico，雖然他覺得女性散發的關心較男性來得自然，但他並沒有退縮，希望為長者帶來改變。他以負責個案中的一對夫婦為例，數次致電丈夫，只談兩句後就會斷線，讓他懷疑他們是否拒絕服務。後來才發現原來丈夫是柏金遜症患者，回應會比較遲緩。太太就沒有很多時間傾談，情況處於膠著狀態。但Mico抱著不放棄的心，終於在某次言談間，發現到丈夫喜歡看書，便從看書這個興趣入手，增加彼此的交流。後來，更因為不同的接觸，例如送贈快測包及進行評估，才發現夫婦倆因擔心疫情及丈夫的柏金遜病，故擔心和抗拒外出。了解情況後，除了WhatsApp外，Mico也有繼續探訪，並打算陪同他們到中心參與活動。後來，即使因工作安排未能陪同夫婦參加活動，但當Mico收到夫婦傳送活動照給他時，也感到很開心，因為夫婦終於願意踏出第一步走進社區。他認為即使個案看似平平無奇，但只要留心對話，便能察覺他們的強項和需要。

「可以邊學邊做，感恩有丈夫同行，有時自己做得
不好，都會請教丈夫……自己較感性，丈夫較穩陣。」 · · · Yonnie

在成為「樂齡之友」後，Yonnie再從計劃中報讀了「身心
健康行動計劃（WRAP®）帶領員」的課程，在助人技巧上進深
學習。她認為WRAP®的復元概念很全面，在助人前先自助，融
匯貫通，在生活中實踐所學。例如Yonnie擔任WRAP®課程帶領
員時，即時以在場同學的故事讓其他學員討論。雖然這是一個很
好的學習，但她忘了事前要徵得同學的同意。過往她作為一個
完美主義者，會為此不斷自責，認為事事完美，做到100分才是
合格。這次Yonnie選擇跟社工商討，了解如何可以做得更好。
參與計劃後，她除了對自己的全情投入感到自豪外，還學習到
即使個人能力或條件不足，也能欣然接受，亦可邊學邊做。同
時，Yonnie感恩有丈夫Mico同行，遇到困難時可以請教在精神
健康方面有十多年經驗的他，並在他身上學習到不是100分才合
格，而是60至70分已經很足夠。

「過去十多年，我曾試過以不同的方法（如大笑瑜珈、CBT〔認知行為治療〕、放鬆運動等）去幫助自己，直至遇上WRAP®，真是『相逢恨晚』⋯⋯」

····· Yonnie

　　Yonnie從「樂齡友里」走到「樂齡之友」，再發展成為「WRAP®帶領員」，讓她由不能接受自己病患，蛻變到能夠分享，是一個難得的經驗。課程與「樂齡之友」的實戰，也讓Yonnie提高了自己對情緒轉變的意識，除了在情緒轉差之前懂得用不同方法處理，減少及延遲了復發及情緒爆發之外，還對Mico在照顧上有著正面的影響。

　　Mico現為香港家連家精神健康倡導協會主席，從事有關精神健康的倡導工作（對象為政府部門，如醫管局）。他曾接受訪問，以親身經歷分享照顧者的心路歷程。在Mico角度，Yonnie是一個停不下來的人，正在做一件事的同時，會想之後可以做甚麼，甚至每年都會為來年定下目標、計劃及行動。對此，Mico認為很辛苦，會令人產生很大壓力。Mico雖然會善待自己，但也有執著的部分，都會因對錯和既定想法而有情緒，Yonnie有時也要「硬食」。Mico在這計劃之前，即使曾聽過復元概念，但也是直至見到太太成為「樂齡之友」後的改變，才真正認識這個概念。

「WRAP®讓自己學到有時不幫助都係一件好事，作為身邊人不停給予意見，只會令情況轉差。了解太太有需要時會求救，只要接受太太有情緒，知道她安全就可以了。」 ····· **Mico**

　　參加「WRAP®帶領員」課程後，Mico覺察到自己的改變。在太太與其他長者分享自身情緒病患的經歷時，也令Mico更深感受到情緒病不是洪水猛獸，只須小心留意情緒轉變，再作出應對就可以了。這也令Mico變得更開放，除了抱持對錯和既定的想法外，還願意多聽其他意見，以不同角度去對待事情，有時無須判斷對錯。更重要的是，Mico開始看見Yonnie在幫助他人的同時，學習面對和解決自己的問題，於是增加了對太太的信心，也間接促進了二人的關係。

「兩個人的性格和興趣大不同，卻因著WRAP®將婚姻生活帶到另一個歷程。由背後支持，到找到共同目標，並一齊去做事。」 ····· **Mico**

　　Yonnie覺得情緒病和三高一樣，都只是一個病。她覺得雖然患病後自己更容易理解別人，但認為情緒病在社會上有一定的標籤。然而，貼標籤是對方的選擇，自己不能控制，接受自己才是最重要。Yonnie說：「當你試過尋死，但死不了，就會重新去思考自己的生命。」現在的她很珍惜生命，覺得有很多人想多活一天也不能，自己應該好好珍惜每一天和「fight for life」。

　　「樂齡之友」和其中的復元概念改變了Yonnie，她計劃讓更多人認識WRAP®，「夫妻檔」一起向教會介紹是第一步。迥異的興趣和「天與地」的性格，由經歷患病的衝擊，過程中互相支持，到找到共同興趣，Mico和Yonnie既憧憬又期待「雙劍合璧」為精神健康「並肩做事」的美麗畫面，相信這將為他倆的婚姻帶到另一歷程。

註◇◇

1. Wellness Recovery Action Plan®身心健康行動計劃。
2. 辨識各類精神問題及精神危機的徵兆，學習精神健康急救重點，認識社區資源。
3. Cognitive Behavioral Therapy認知行為治療。

樂齡之友故事 ⑪

記住身邊有好多人支持你同關懷你！

— Kitty —

受訪樂齡之友：**Kitty**

服務年期（截至2023年8月）：2年半

「樂齡之友」Kitty的故事，體現了「老吾老，以及人之老」這句話。身為照顧者的她，雖然要照顧年邁患病的母親，卻不認為服務長者會加重她的負擔。她認為持續學習和投入服務，能讓她減少對媽媽病情的糾結和擔憂，而且對服務的長者表達關懷和鼓勵的同時，彷彿也能勉勵自己。

難 忘 故 事

「做義工幾好，有工作安排給自己，不會讓自己無所事事。」

　　退休後的Kitty一次偶然與舊同事聯絡，發現對方的表達能力已不及當年，理解事情開始有點困難。Kitty希望減慢自己退化的速度，加上覺得生活苦悶，希望有點寄託，剛好看到「樂齡友里」義工培訓課程，便決定嘗試未曾做過的事。Kitty覺得課程很充實，成為精神健康範疇的長者義工，不再覺得無所事事。之後再報讀了「樂齡之友」課程，期望接觸和服務更多長者。

　　Kitty在課程中學習到新事物後，感到很滿足和感恩。她慶幸能持續學習，不會與世界脫節和仍能流暢地表達觀點。機構會為她安排服務對象，既可以幫助別人，自己又有滿足感，Kitty覺得生活變得充實和有意義。

　　在曾接觸的個案中，Kitty對張婆婆的印象最深。張婆婆的情緒起伏較大，首節參與治療小組時情緒失控，邊說邊哭，讓Kitty不知所措，並對張婆婆的激動情緒感到恐懼和抗拒。同時，她留意到張婆婆的外表、眼神和行為，有情緒病的徵狀。起初，她擔心自己不懂與張婆婆相處。然而，慢慢相處下來，Kitty開始了解到張婆婆情緒表現背後的因由。原來張婆婆有聽障，說話和表達本來就較大聲和大動作。溝通上一旦出現誤解，情緒就更易激動。明白到這些因由，Kitty發現只需耐心聆聽及非批判性地與她溝通，她的情緒便會回復平靜。當張婆婆的情緒改善後，Kitty還能看到婆婆充滿神采的一面。

　　除了有耐性，Kitty還會運用接納及承諾治療小組的知識，提醒張婆婆如何面對情緒爆發。當張婆婆因為身體痛楚或情緒轉變而感到不開心時，Kitty都會以小組內「心頭大石」的比喻開解她。例如她會讓張婆婆思考「心頭大石」（即是痛楚和負面情緒）既已存在，如何處理那塊「心頭大石」才是張婆婆的課題。張婆婆可選擇把它放在一邊，繼續向前行；或將石頭放在眼前遮擋前面的路。張婆婆聽後便會回想起小組的學習和體驗，明白自己該如何選擇和行動。

　　Kitty除了提醒張婆婆練習靜觀，也會鼓勵其他長者一起感受當下。曾有長者表示不懂得以手機聆聽靜觀錄音檔，Kitty便在小組結束後，相約她們一起吃午飯，並教導她們如何以手機聽錄音檔。若長者表示不習慣靜觀練習，Kitty會相約他們於假日見面，然後一起練習。每次練習後，她也會建議長者要活在當下，學會如何處理情緒。當長者表示練習過後感到快樂，Kitty也會提醒他們開心其實很容易，只要懂得如何運用學到的知識和技巧，便有愉快的心境。

「唔做義工，我都唔知自己咁有愛心！」

Kitty表示退休前未曾服務過長者，更不曾發現自己對服務的熱誠和對個案的愛心。服務長者不單讓自己有所作為，還能擴闊對社會資源的了解。照顧患病的母親讓她壓力甚大，但幸好服務長者的工作讓她能接觸到日間中心的同工、社工和物理治療師。當與醫生商討母親的治療方案時，Kitty能先從各方了解細節，不再擔憂和緊張。

Kitty分享長者容易感到孤獨的原因是留在家中無法與人接觸，造成惡性循環。孤獨感影響情緒，對自己和世界感到不滿，更不願意出門。她慶幸參與了計劃，走出社區。她希望社區能提供更多為長者設計的小組，鼓勵他們離開家中，外出與人溝通並建立關係。當擁有穩定的社區資源和人際網絡後，面對情緒困擾時，不論當事人或同工們也不用過於擔憂。

「接觸個案可以讓我分散精神，了解社區資源，減輕照顧媽媽的壓力！」

Kitty認為跟進長者個案能讓她分散對母親的擔憂，避免自己「鑽牛角尖」。每次鼓勵長者練習靜觀和處理「心頭大石」的同時，Kitty也有得著，學會處理自身作為照顧者的情緒和壓力，從中也認識到很多的社區資源，以致日後可以更好地安排母親的生活起居，讓母親得到更好的照顧，同時減輕照顧壓力。